BIBLIOTHÈQUE POPULAIRE

CHANSONS CHOISIES

DE

DÉSAUGIERS

LACOSTE A.

CHANSONS CHOISIES

DE

DÉSAUGIERS

DESAUGIERS

CHANSONS CHOISIES

DE

DÉSAUGIERS

Prix : 50 cent.

PARIS

RENAULT ET Cie, LIBRAIRES-ÉDITEURS

Rue d'Ulm prolongée, 48,

1861

CHANSONS CHOISIES

DE

DÉSAUGIERS

CHANSON A MANGER

AIR : Aussitot, que la lumière.

Aussitôt que la lumière
Vient éclairer mon chevet,
Je commence ma carrière
Par visiter mon buffet;
A chaque mets que je touche,
Je me crois l'égal des dieux;
Et ceux qu'épargne ma bouche
Sont dévorés par mes yeux.

Boire est un plaisir trop fade
Pour l'ami de la gaîté;
On boit lorsqu'on est malade,
On mange en bonne santé.
Quand mon délire m'entraîne,
Je me peins la Volupté

La neige à certain théâtre
Joue un rôle intéressant :
Arbres, toits, tout est d'albâtre...
Quel coup-d'œil éblouissant !
On y transit, on y gèle ;
Et pour comble de succès,
Tout fini par une grêle...
Une grêle de sifflets.

Mais vive cette fillette
Qui, fuyant fort à propos,
Dans une neige indiscrète
Perdit un de ses sabots !
A son amoureux manége
Le public sourit longtemps,
Et tant que tomba la neige
On vit le ciel au beau temps.

Du sol brûlant d'Italie,
Des flots bouillonnants du Nil,
Les Français pour leur patrie
Ont affronté le péril.
Aux confins de la Norwége
Suivez ces mêmes guerriers ;
Sous leurs pas un champ de neige
Devient un champ de lauriers.

O toi, par qui la peinture
Voit son domaine agrandi,
Toi, Vanloo, de la nature
Et rival et favori,

* La Soirée et la Veillée villageoise, pièce de MM. Piis et Barré.

Par ton heureux privilége,
Nous voyons, peintre brillant,
Sous les glaces de ta neige
Briller le feu du talent.

Hélas! mes amis, que n'ai-je
Des pinceaux plus éloquents
Pour vous peindre une autre neige
Qui ne brille qu'au printemps!
Au corset de ma maîtresse
Soir et matin je la vois,
Et jamais, quand je la presse,
Elle ne fond sous mes doigts.

Quoi! devant une bouteille,
Sur la neige huit couplets!
Pardonne, ô dieu de la treille,
A l'affront que je te fais.
J'expirai ce sacrilége
En sablant un verre plein,
Fuyez, vils flocons de neige,
Devant ce flacon de vin!

MORALITÉ

Air : du Bouffe et du Tailleur.

Enfants de la folie,
    Chantons,
Sur les maux de la vie
    Glissons;

Plaisir jamais ne coûte
De pleurs;
Il sème notre route
De fleurs.

Oui portons son délire
Partout...
Le bonheur est de rire
De tout ;
Pour être aimé des belles,
Aimons ;
Un beau jour changent-elles,
Changeons.

Déjà l'hiver de l'âge
Accourt ;
Profitons d'un passage
Si court ;
L'avenir peut-il être
Certain ?
Nous finirons peut-être
Demain.

MA PHILOSOPHIE

CHANSON MORALE.

AIR : Fournissez un canal au ruisseau.

Pour jamais l'an vient de s'écouler,
Amis, c'est un mal sans remède,
Et bien loin de nous en désoler,
Ne songeons qu'à l'an qui succède ;

Oui, livrons-nous, pour rajeunir,
Aux transports d'une gaîté folle ;
Et ne pouvant fixer le temps qui vole,
Tâchons de fixer le plaisir.

Si l'objet dont nous sommes épris
Devait toujours rester le même,
A nos yeux il perdrait de son prix.
Tout vieillit, c'est la loi suprême :
Et lorsque l'an, vers son déclin,
Loin de moi fuit à tire-d'aile,
Je vois bien moins ce qu'il ôte à ma belle
Que ce qu'il ajoute à mon vin.

Moquons-nous de la fuite du temps,
Et n'en regrettons que la perte ;
Que toujours de vingt mets différents
Notre table reste couverte...
Et chantons à tous nos repas :
« L'appétit naît de la folie ;
Or, les seuls jours perdus dans cette vie
Sont les jours où l'on ne rit pas. »

Aimons bien, buvons bien, mangeons bien,
Jusqu'à la fin de notre route ;
Et surtout, amis, ne gardons rien
Pour un lendemain dont on doute.
Alors l'avare nautonier,
Aux enfers prêt à nous descendre,
Prévoyant bien qu'il n'aurait rien à prendre,
Finira par nous oublier.

* Cette chanson parut en 1807.

LES COUPS

AIR du vaudeville du *Chapitre second*.

Tout homme ici bas a sa part
Des coups qui menacent la vie ;
Le joueur craint ceuv du hasard.
Le riche craint ceux de l'envie,
L'ennemi craint ceux du canon,
Le poltron craint les coups de canne,
Et l'homme à talent est, dit-on,
Sujet au coup de pied de l'âne.

Un coup de tête bien souvent
Aux jeunes gens devient funeste ;
Un coup de langue est du méchant
L'arme qu'à bon droit on déteste ;
L'espérance du laboureur
Par un coup de vent est trompée ;
Un coup de patte à son auteur
Parfois attire un coup d'épée.

Un coup de théâtre mal fait
Indispose tout un parterre,
Et l'acteur, au coup de sifflet,
Est frappé d'un coup de tonnerre ;
Les coups fourrés ont des attraits
Pour la beauté la moins friponne ;
Mais, chez elle, on sait que jamais
Un coup manqué ne se pardonne.

Tout fiers de leurs nouveaux succès,
Nos riches étonnés de l'être,
Se vantent que leurs coups d'essais
Ont été de vrais coups de maître.
Mais de la fange étant sortis,
Malgré l'éclat de leurs carrosses,
La poussière de leurs habits
Résiste à tous les coups de brosses.

Il est des coups que ne craint pas
L'amant bien épris de sa belle ;
Un seul coup-d'œil lui dit tout bas :
« Au coup de minuit sois fidèle. »
Minuit sonne : au coup de marteau
S'ouvre la porte clandestine,
Et ceints de l'amoureux bandeau,
Ils font leurs coups à la sourdine.

Chers amis, comme en vous chantant
Coup sur coup six couplets, je tremble
D'avoir perdu des coups de dent.
Buvons au moins un coup ensemble;
Si de ma chanson sur les coups
L'assommante longueur vous lasse,
Je consens, par pitié pour vous,
A vous donner le coup de grâce.

SOUVENIRS NOCTURNES

DE DEUX ÉPOUX DU XVIIe SIÈCLE

Il avait plu toute la journée; et n'ayant pu aller le soir faire leur partie de loto chez madame Caquet, sage-femme, rue des Martyrs, monsieur et madame Denis s'étaient couchés de bonne heure. Au bout de vingt-trois minutes, madame Denis, qui ne dormait pas, impatientée du silence obtiné de son mari, qui n'avait pas cessé de lui tourner le dos, soupira trois fois et prit la parole :

MADAME DENIS.

Air : Premier mois de mes amours.

Quoi ! vous ne me dites rien ?
Mon ami, ce n'est pas bien ;
Jadis c'était différent;
Souvenez-vous-en, souvenez-vous-en...
J'étais sourde à vos discours,
Et vous me parliez toujours.

MONSIEUR DENIS, *se retournant.*

Mais, m'amour, j'ai sur le corps
Cinquante ans de plus qu'alors ;
Car c'était en mil sept cent,
Souvenez-vous-en, souvenez-vous-en...
Au premier de mes amours,
Que ne durez-vous toujours !

MADAME DENIS, *se ravisant.*

C'est de vous qu'en sept cent un
Une anguille de Melun

M'arrivant si galamment !
Souvenez-vous-en, souvenez-vous en...
Avec des pruneaux de Tours
Que je crois manger toujours.

MONSIEUR DENIS.

En mil sept cent deux, mon cœur
Vous déclara son ardeur :
J'étais un petit volcan ;
Souvenez-vous-en, souvenez-vous-en...
Feu des premières amours,
Que ne brûlez-vous toujours !

MADAME DENIS.

On nous maria, je crois,
A Saint-Germain-l'Auxerrois.
J'étais mise en satin blanc ;
Souvenez-vous-en, souvenez-vous-en...
Du plaisir, charmants atours,
Je vous conserve toujours.

MONSIEUR DENIS, *se mettant sur séant.*

Comme j'étais étoffé

MADAME DENIS, *s'asseyant de même.*

Comme vous étiez coiffé !

MONSIEUR DENIS.

Habit jaune en bouracan ;
Souvenez-vous-en, souvenez-vous-en...

MADAME DENIS.

En culotte de velours

Que je regrette toujours.
(*Continuant.*)
Comme, en dansant le menuet,
Vous tendîtes le jarret!
Ah! vous alliez joliment!
Souvenez-vous-en, souvenez-vous-en...
Aujourd'hui nous sommes lourds;

MONSIEUR DENIS.

On ne danse pas toujours.
(*S'animant.*)
Comme votre joli sein
S'agitait sous le satin!
Il était mieux qu'à présent;
Souvenez-vous-en, souvenez-vous-en..
Belles formes, doux contours,
Que ne durez vous toujours!

MADAME DENIS.

La nuit, pour ne pas rougir,
Je fis semblant de dormir.
Vous me pinciez doucement;
Souvenez-vous-en, souvenez-vous-en...
Mais à présent, nuits et jours,
C'est moi qui pince toujours.

MONSIEUR DENIS.

La nuit, lorsque votre époux
S'émancipait avec vous,
Comme vous faisiez l'enfant!
Souvenez-vous-en, souvenez-vous-en...
Mais on fait les premiers jours
Ce qu'on ne fait pas toujours.

MADAME DENIS.

« Comment avez-vous dormi? »
Nous demandait chaque ami :
« Bien, » répondais-je à l'instant;
Souvenez-vous-en, souvenez-vous-en..
Mais nos yeux et nos discours
Se contredisaient toujours.

MONSIEUR DENIS, *lui offrant une prise de tabac.*

Demain, songez s'il vous plaît,
A me donner mon bouquet.

MADAME DENIS, *tenant la prise de tabac sous le nez.*

Quoi! c'est demain la Saint-Jean?

MONSIEUR DENIS, *rentrant dans son lit.*

Souvenez-vous-en, souvenez-vous-en...
Epoque où j'ai des retours
Qui me surprennent toujours.

MADAME DENIS, *se recouchant.*

Oui, jolis retours, ma foi!
Votre éloquence avec moi
Eclate une fois par an;
Souvenez-vous-en, souvenez-vous-en...
Encor votre beau discours
Ne finit-il pas toujours.

(*Ici M. Denis a une réminiscence*)

MADAME DENIS, *minaudant.*

Que faites vous donc, mon cœur?

MONSIEUR DENIS,

Rien... je me pique d'honneur.

MADAME DENIS.

Quel baiser!... il est brûlant...

MONSIEUR DENIS, *toussant.*

Souvenez-vous-en, souvenez-vous-en...

MADAME DENIS, *rajustant sa cornette.*

Tendre objet de mes amours,
Pique toi d'honneur toujours!
Ici le couple bâilla
S'étendit et sommeilla.
L'un marmottait en ronflant :
« Souvenez-vous-en, souvenez-vous-en... »
L'autre : « Objet de mes amours,
Pique-toi d'honneur toujours! »

L'EAU

VA TOUJOURS A LA RIVIERE

AIR : J'étais bon chasseur autrefois.

Amis, il est un fait certain
Que ne doit ignorer personne ;
La Moselle s'unit au Rhin,
Et la Dordogne à la Garonne ;

L'Oise dans la Seine se rend,
Le Rhône se joint à l'Isère,
Et, bien ou mal, voilà comment
L'eau va toujours à la rivière.

Armateur, jadis porteur d'eau,
Mondor, qui se nommait Antoine,
Achète, équipe maint vaisseau;
L'Océan est son patrimoine;
Humble autrefois, fier aujourd'hui,
Au Pactole il se désaltère,
Et les faveurs pleuvent sur lui:
L'eau va toujours à la rivière.

L'ami Vigier tous les matins,
Chez lui voit accourir la foule;
Et tant qu'il coulera des bains,
Nous ne craignons pas qu'il se coule.
Vigier roule et nage dans l'or,
Sa fortune est liquide et claire,
Et chaque été la double encor:
L'eau va toujours à la rivière.

Un Jean-Baptiste, vigneron,
Ayant adopté pour système
D'imiter entout son patron,
Honorait son vin du baptême.
Un jour, la Seine débordant
Vient inonder sa cave entière.
Il devait prévoir l'accident:
L'eau va toujours à la rivière.

Je voulais boire ce matin
A la source de l'Hippocrène;

Vous m'avez coupé le chemin,
Et je reviens tout hors d'haleine.
Chaque mois vous m'opposerez
Cette insurmontable barrière ;
Plus vous buvez, plus vous boirez :
L'eau va toujours à la rivière.

CADET BUTEUX A L'OPÉRA

DE LA VESTALE

Pot-Pourri en trois actes

Air : V'là c' que c'est qu' d'aller au bois.

L'aut' matin, je m' disais comm' ça :
Mais qu'est-ce qu' c'est donc qu'un opera ?
V'là qu' dans un' rue, au coin d' la Halle,
J' lisons : *la Vestale*,
Faut que j' m'en régale :
C'est trois liv's douz' sous qu' ça me coût'ra..,
Un' vestale vaut ben ça.

Air : Tous les bourgeois de Chartres.

L'heur' du spectacle approche,
J' me r'quinq' pus vite qu' ça,
Et les sonnett's en poche,
J' courons à l'Opéra ;

Mais voyant qu' pour entrer l'on s' bat dans l'antichambre
Je m' dis : Voyez queu chien d'honneur
Quand pour c'te Vestale d' malheur
J' me s'rai foulé z'un membre !

AIR : du lendemain.

N' croyez pas, ma cocotte,
Qu' tout exprès pour vos beaux yeux,
J'allions, à propos d' botte,
M' fair' casser z'un' jambe ou deux ;
Je r'viendrons, n' vous en déplaise...
N' sait-on pas qu'il est d's endroits
Où c' qu'on entre plus à l'aise
La s'conde fois?

AIR : Tarare Pompon.

J'n'ons pas plutôt ach'vé,
Qu'la parole étouffée
Par un' chienne d'bouffée
Je m'sentons soulevé ;
Le déluge m'entraîne,
Et me v'là z'en déux temps,
Sans billet z'et sans peine,
Dedans.

AIR : A boire ! à boire ! à boire !

Silence? silence ! silence !
V'là qu'la première act' commence.
Chacun m'dit d'mettre chapeau bas.
Je l'mets par terre, il n' tomb'ra pas,

Air : Il était une fille.

J'voyons un monastère
Où c'qu'un' fille d'honneur
Était r'ligieuse à contre cœur,
C'était monsieur son père
Qui, l'jour qu'il trépassa,
D'sa fille exigea ça...
Ha!...

Air : Quoi ! ma voisine, es-tu fâchée !

Quand aux règles du monastère
Un' fill' manquait,
On vous la j'tait tout' vive en terre
Comme un paquet.
Si la terre aujourd'hui d' nos belles
Couvrait l's abus.
J crais ben qu'jaurions pus de d'moiselles
Dessous que d'sus.

Air : Dans les Gardes-Françaises.

V'là z'enfin un bel homme
Qu'elle avait pour amant,
Qui r'vient vainqueur à Rome
Avec son régiment.
Il apprend que l' cher père
A cloîtré son objet.
Il pleure, il s' désespère !
Mais c'est comm' s'il chantait.

Air : Traitant l'Amour sans pitié.

Dans c' pays-là, par bonheur,
La loi voulait qu'on choisise

La vestal' la plus novice
Pour couronner le vainqueur.
« Tu r'viens comm' Mars en carême
(Lui dit tout bas cell' qu'il aime).
Pour r'cevoir le diadème
Du cœur dont t'as triomphé. »
Il veut répondre, il s'arrête,
Il la regarde d'un air bête ;
Et le v'là qui perd la tête
Au moment d'être coiffé (*bis*).

Air : Bonsoir la compagnie.

Enfin,
Un serr'ment d'main
Lui dit : « Prends garde,
On nous regarde. »
Le v'là qui se remet ;
V'là qu'elle lui met
Un beau plumet.
— A c'te nuit, j'te l' promets.
— A c'te nuit, j' te l' permets.
— Puisqu' la çarimonie,
Dit l'abesse, est finie.
Rentrez dans vot' dortoir,
Jusqu'au revoir,
Bonsoir.

Air : A boire ! à boire ! à boire !

Silenc' ! silenc' silence!
V'là qu'la s'conde act' commence.
Et j'vois l'enceinte du saint lieu,
Avec un réchaud z'au milieu.

Air : J'arrive à pied de ma province

On ordonne à la r'ligieuse
D'entret'nir le feu ;
S'il s'éteint, la malheureuse
N'aura pas beau jeu.
A son devoir ell' s'apprête,
N'osant dire tout haut
Qu'elle a bien d'aut's feux en tête
Que l'feu du réchaud.

Air : des fraises.

La v'là seule, et dans son cœur,
Où qu' la passion s' concentre,
Elle appelle son vainqueur :
Mais que d'viendra son honneur,
S'il entre, s'il entre, s'il entre !

Air : Du haut en bas.

« Il entrera.
S' dit-elle au bout d'un bon quart-d'heure ;
Il entrera,
Et puis après il sortira.
Gn'y a bien assez longtemps que j' pleure,
Du moins j' dirai,
S'il faut que j' meure :
Il est entré. »

Air : Une Fille est un oiseau.

Sitôt pris, sitôt pendu ;
Elle court ouvrir la porte ;

L'amant que l' plaisir transporte,
Accourt, d'amour éperdu.
Faut qu' ce soir je t'appartienne ;
J'ai ta parole, t'as la mienne,
Pus d'feu, pus d' réchaud qui tienne.
Ciel ! m'arracher de c' lieu saint! »
Bref, mêm' rage les consume ;
Et tandis qu' leur feu s'allume,
V'là-t-i' pas qu' l'autre s'éteint! (*bis*).

AIR : Au coin du feu.

« O ciel, je suis perdue!
Dit la Vestale émue ;
Gn' y a pas d' bon Dieu.»
Et v' là qu' la pauvre amante
Tombe glacée et tremblante
Au coin du feu. (*ter*).

AIR des Trembleurs.

Les cris d' la belle évanouie
Donn' nt l'alerte à l'abbaye,
Qui s'éveill' tout ébahie;
Et l'amant qui s' sent morveux,
Voyant qu'on crie à la garde,
S'esbigne en disant: « Si j' tarde,
Si j' m'amuse à la moutarde,
Nous la gobons tous les deux. »

AIR · Dépêchons, dépêchons, dépêchons-nous.

Ah! mam'zell' , qu'avez-vous fait là?
Dit d'un' voix de tonnerre

Le révérend du monastère;
Ah! mam'zell', qu'avez-vous fait là?
Vot' feu s'est éteint, mais il vous en cuira.
D'shabillez, d'shabillez, d'shabillez-la,
Son affaire
Est claire :
Qu'à l'intant même on l'enterre,
Et qu'ça mor.., et qu'ça mor.., et qu'ça morbleu!
Lui apprenne une aut'fois à bien souffler son feu!

Air : des Pendus.

Là-d' sus on lui couv' l'estomac
D'un ling' tout noir qu'a l'air d'un sac
L'orchest' li pince à sa manière
Un' marche à porter l' diable en terre
Et la patiente, d' son côté.
S' dit tout bas : « J' m'en avais douté. »

Air : A boire ! à boire ! à boire !

Silenc' ! silenc' ! silence !
V'la qu' la troisième act' commence.
J'vois six tombeaux, sept, huit, neuf, dix,
Qu' c'est gai comme un *De profondis*.

Air : Au clair de la lune.

Au clair de la lune
L'amant, tout en l'air,
Sur son infortune
Vient chanter z'un air,
Où c' qu'il dit : « Qu'all' meure,
Et j' varrons beau train !

S'il fait nuit à c' t' heure,
Il f'ra jour demain. »

AIR : des Fleurettes.

Maîs drès que d' la Vestale
Il entend v' nir l' convoi,
Crac, le v' la qui détale...
On n' sait pas trop pourquoi.
D' vant la fosse il s'arrête :
On croit que l' pauvre officier
D' chagrin va s'y j'ter l' premier ;
Mais pas si bête !

AIR : Le port Mahon est pris.

Du plus haut d' la montagne,
L'enfant
Descend,
Tout l' monde l'accompagne.
Et tout bas chaqu' compagne,
S' dit, en allongeant l' cou :
« V'la son trou, v'la son trou, v'la son trou. »
Pendant l' *Miserere*
Qu' entonne m' sieu l' curé,
Blême et plus morte qu' vive,
Au bord du trou la Vestale arrive :
Tout l' monde d'mand' qu'all' vive ;
L' curé répond : « Nenni,
N, i, ni, c'est fini, »

AIR : Bonjour. mon ami Vincent.

C'tapendant, qu'il dit, j' veux bien
Faire encore qu'euq' chose pour elle ;

Sur c' réchaud où n'y a plus rien
Mettez l' fichu d'la d'moiselle ;
Si l' ling' brûle, on n' l' enter'ra pas.
S'il n' brûle pas, ell' n' l'echapp'ra pas.
Vous l' voyez, aucune étincelle
N' vient contremander son trépas ;
Or plus d' débats ;
Du haut en bas,
Gu' a point za dir', faut qu'ell' saute l' pas.

AIR : Nous nous marirons dimanche.

« Doucement
Dit l'amant,
Qui guettait l' moment,
Faut qu' enfin l' chap' let se débrouille :
C'est moi qu'a tout fait,
Grâc' pour mon objet,
Sinon j'ai là ma patrouille.
Par son trépas
D'un crim' vot' bras
Se souille ;
Si çà n'est pas,
J' veux qu' mon damas
Se rouille !
—Mon Dieu ! comme il ment !
Dit la pauvre enfant ;
Ni vu, ni connu, j' t'embrouille. »

AIR : Rlantanplan tirelire.

« Vite, à moi, mon régiment !
En plein plan,

Rlantamplan,
Vlà z'un enterr'ment
Qu'à l'instant
Et d' but en blanc
Il faut mettre en déroute ;
Battons-nous, coût' qui coût',
Quoique j' n' y voyons goutte,
Mais l' régiment
Du couvent,
En plein, plan.
Rlantamplan,
Qu'est pour l'enterr' ment,
Répond qu'il vers' ra son sang
Jusqu'à la dernièr' goutte.
Pendant quequ' temps on doute
Qu'est-c' qu'emport'ra la r'doute.
Au bout d'un combat sanglant,
En plein, plan,
Rlantanplan,
Au lieu d' l' enterr'ment,
C'est l' régiment
De l'amant
Qui s' trouve être endéroute.

Air : Il a voulu, il n'a pas pu.

Gn' y a pas d' milieu,
Faut s' dire adieu,
C'est-i-ça qui vous l' coupe?
Rien que d' les voir,
V' la mon mouchoir
Qu'est trempé comme un' soupe

Air : N'est-il amour sous ton empire.

L' pauvre agneau descend dans la tombe !

Qu' c'est pain béni!
Sur sa tête l' couvercle r'tombe
V' là qu'est fini.
Pour si peut s' voir maltraitée!
L' beau chien d' plaisir!
Et n' la v'là-t-i pas ben plantée
Pour raverdir!

Air : Ciel ! l'univers va-t-il donc se dissoudre.

Mais, patatras, v'là z'un éclair qui brille;
Et l' Tout-Puissant, qui, j'dis, n'est pas manchot,
Pour sauver la pauvre fille,
Vous lâche un pétard qui grille
L'diable d' chiffon qui pendait sur l' réchaud.
Vive l' Père Éternel,
Qui d' son tonnerre
Arrang' l'affaire!
J' n' y comptions guère;
C'est z' un coup du ciel.

Air : Ah ! mon Dieu ! que je l'échappe belle !

« Ah! mon Dieu! que je l'échappe belle!
Dit en haussant l' cou
Au-d'sus du trou
La demoiselle;
Au bon Dieu je d'vons un' fièr' chandelle!
Car je n' pouvons pas
M' dissimuler qu' j'étions ben bas. »

Air : O Filii et Filiae.

Tant y a que l' coupl' s'épousa,
Et qu' chaqu' vestall' dit, voyant ça :

« Quand est-c' qu'autant m'en arriv'ra ?
Alleluia

MES CHATEAUX EN ESPAGNE

Air : des Triolets.

Je voudrais, pour mon entretien,
N'avoir que mille écus de rente !
Deux amis, y compris mon chien,
M'aideraient à manger mon bien,
Que confondrait avec le sien
Une douce et jeune parente...
Dieux, pour qu'il ne manque rien,
Donnez-moi mille écus de rente !

J'aimerais pourtant beaucoup mieux
Avoir deux mille écus de rente...
Dans un boudoir délicieux,
Jusqu'à trente ans quel train joyeux !
Petite cave de vin vieux
Me rajeunirait à soixante.,.
Oui, je le sens, pour être heureux,
Il faut deux mille écus de rente.

Mais on dit que le jeune Armand
A dix mille livres de rente ;
Dans un cabriolet charmant
Il se promène mollement ;

Chantant, dansant, buvant, aimant,
Il charme ainsi sa vie errante...
Bornons-nous donc décidément
A dix mille livres de rente.

C'est pourtant un bien bel avoir
Que vingt mille livres de rente ;
Ce lot comblerait mon espoir.
J'aime beaucoup à recevoir,
Et tout Paris viendra me voir :
D'ailleurs, mon voisin en a trente...
Or, le moins, que je puisse avoir,
C'est vingt mille livres de rentes.

Mais pourquoi Mondor, sans parents,
A-t-il vingt mille écus de rente !
Je me marierai ce printemps ;
Dans dix ans, j'aurais treize enfants,
Car ma femme n'a que seize ans,
Et ma femme est, ma foi charmante.
A mon tour, enfin, je prétends
Avoir vingt mille écus de rente.

Mais rien n'est tel pour vous lancer,
Que cent mille livres de rente.
Comme cela vous fait percer !
Vous êtes certain de passer
Pour mieux écrire et mieux penser
Que tous les savants qu'on nous vante..
Je ne puis donc pas me passer
De cent mille livres de rente.

A présent me voilà jaloux
D'avoir cent mille écus de rente :

Si je les avais, entre nous,
Ce serait pour vous loger tous,
Et tenir au milieu de vous
Table splendide et permanente...
Jugez donc s'il me serait doux
D'avoir cent mille écus de rente.

AUX CONVIVES DU CAVEAU.

Mais pour moi (puis-je l'oublier !)
Il est une plus douce rente ;
Voici le jour de mon quartier ;
Le plaisir va me le payer ;
Je vis depuis un mois entier
Dans cette espérance enivrante :
Votre Apollon est mon banquier,
Et je touche aujourd'hui ma rente.

LE RETOUR DE L'HIVER

Air : Chantons les matines de Cythère.

Faisons nos adieux à la verdure
Qui favori a nos gais loisirs,
Et charmons le deuil de la nature
Par l'attrait de mille autres plaisirs.
Le plaisir ne fond-il pas les glaces
Du farouche hiver et des vieux ans.

Et partout où paraissent les grâces,
Ne retrouve-t-on pas le printemps?
Faisons nos adieux, etc.

L'arbre jaunissant va de ses feuilles
Nous retirer l'ombrage léger ;
Mais, Suzon, la grappe que tu cueilles
Saura bien nous en dédommager.
Faisons nos adieux, etc.

Sous le domino de la folie,
Le dieu malin, cachant son carquois,
Attaque et soumet la plus jolie :
Que fait-il de plus au fond du bois ?
Faisons nos adieux, etc.

Lise, sur la neige éblouissante,
Offre-t-elle à nos yeux moins d'appas !
Et là, comme sur l'herbe naissante,
Ne peut-elle pas faire un faux pas !
Faisons nos adieux, etc.

Un joli sein, quand le schall s'entr'ouvre,
Charme en été les yeux de chacun :
Mais la palatine qui le couvre
Ne s'écarte en hiver que pour un
Faisons nos adieux, etc.

Tandis qu'Orgon, oubliant sa femme,
Pleure au coin du feu l'argent qu'il perd,
Un *lieutenant* fait rire madame
Pour égayer son quartier d'hiver.
Faisons nos adieux, etc

En hiver, sous la voûte éthérée,
La foudre jamais ne murmura ;
Et qui craint le souffle de Borée,
Retrouve Zéphire à l'Opéra.
Faisons nos adieux, etc.

Quittons Cérès pour Iphigénie
Le garçon de ferme pour Pasquin,
Les saules pleureurs pour Mélanie.
Et les mérinos pour Arlequin.
Faisons nos adieux, etc.

Si les fruits dont l'été nous régale
Sont ravis à nos friands transports.
Pour nous consoler, amis, Cancale
De son sein nous ouvre les trésors.
Faisons nos adieux, etc.

Non, jamais vents, grêle, pluie et neige
N'auront le droit de nous alarmer.
Tant que nous aurons le privilége
De chanter, et de boire et d'aimer.

Faisons nos adieux à la verdure
Qui favorisa nos gais loisirs,
Et charmons le deuil de la nature
Par l'attrait de mille autres plaisirs.

IL FAUT RIRE

AIR : Turlurette, ma tanturlurette.

Janvier recommence encor,
Et nous retrouve d'accord :
Gaîté, viens monter ma lyr;
Il faut rire...
Il faut rire
Rire et toujours rire.

Fidèles à notre plan,
Depuis le premier de l'an
Jusqu'à l'heure où l'an expire,
Il faut rire..., etc.

L'an qui fuit ne revient plus ;
Mais nos regrets superflus
Ne pouvant le reproduire,
Il faut rire..., etc.

L'hiver nous glace aujourd'hui ;
Mais en songeant qu'après lui
Un nouveau printemps va luire,
Il faut rire..., etc.

Tant que nous aurons des yeux
Pour voir minois gracieux,
Taille fine et doux sourire,
Il faut rire..., etc.

Tant que nous aurons des dents
Et des repas abondants,
De nos goûts dût-on médire,
Il faut rire..., etc.

Tant que la foudre en éclats
Dans nos caves n'ira pas
Tourner le vin qu'on en tire,
Il faut rire..., etc.

Tant qu'un merveilleux blondin
Sifflera Georges Dandin
Avant de savoir écrire,
Il faut rire..., etc.

Tant que, voyant ses monts d'or,
La jeune Agnès à Mondor
Dira : *pour vous je soupire !*
Il faut rire..., etc.

Tant qu'un sot et vieux barbon
Dira, croira tout de bon
Qu'à sa femme il peut suffire,
Il faut rire..., etc.

Tant qu'un médecin savant
Au nombre des ci-devant
Ne viendra pas nous inscrire,
Il faut rire..., etc.

Dût-il en un tour de main
Nous expédier demain,
En entrant au sombre empire
Il faut rire..., etc.

Sûrs d'y rencontrer Favard,
Vadé, Piron et Panard,
Le moyen de ne pas dire :
Il faut rire..., etc.

Avec eux dansant en rond,
Aux échos de l'Achéron
Que nos chants fassent redire
Il faut rire..., etc.

Que l'infernal souverain,
Brisant son sceptre d'airain,
Avec nous chante en délire :
Il faut rire..., etc.

Par cet exemple entraînés,
Que les diables aux damnés
Disent : « C'est trop longtemps frire ;
Il faut rire..., etc.

Qu'enfin de l'enfer au ciel,
Un chorus universel
Crie à tout ce qui respire :
Il faut rire...
Il faut rire,
Rire et toujours rire.

CONSOLATIONS

DE LA VIEILLESSE

Air du pas des Trois Cousines (dans la *Dansomanie*).

Quand des ans la fleur printanière
S'effeuille sous les doigts du temps,
Poursuivons gaîment la carrière ;
Un bel hiver vaut un printemps.

Pour moi l'impitoyable horloge
A soixante fois retenti :
Mais s'il faut que l'amour déloge,
Momus n'est pas encor parti.
Quand des ans, etc.

J'aimais les couleurs de Rosine,
J'aime les couleurs du raisin,
Je trinquais avec ma voisine,
Je m'enivre avec mon voisin.
Quand des ans, etc.

Chez moi plus de tendres missives ;
Mais lorsque je veux rajeunir,
Je relis mes vieilles archives,
Et j'y retrouve un souvenir.
Quand des ans, etc.

Au sopha, trône des caresses,
Succède un couvert toujours mis ;
Aux baisers de jeunes maîtresses,
La gaîté de bons vieux amis.
Quand des ans, etc.

A ma voix ma jument normande
Ne lutte plus avec le vent ;
Mais Pégase, que je gourmande,
Me désarçonne encor souvent.
Quand des ans, etc.

Sur le galoubet, en cadence,
J'aime parfois à m'exercer,
Et j'ai du moins si je ne danse,
Le plaisir de faire danser.
Quand des ans, etc.

Si mon luth, sous ma main tremblante,
Ne produit plus que de vains sons,
De ma fille la voix naissante
Rajeunit mes vieilles chansons.
Quand des ans, etc.

Quand je bronche en suivant des belles,
Chloé rit et me montre au doigt ;
Mais sa mère eut de mes nouvelles,
Et sait bien que je marchais droit.
Quand des ans, etc.

Hier, voulant tenter une intrigue,
Tout-à-coup ma force expira ;
De ce soufflet, nouveau Rodrigue,
C'est mon fils qui me vengera.
Quand des ans, etc.

Sachons donc de la destinée
Sous les fleurs amortir les coups,
Et qu'à leur soixantième année,
Nos enfants chantent comme nous :

Quand des ans la fleur printanière
S'effeuille sous les doigts du Temps,
Poursuivons gaîment la carrière ;
Un bel hiver vaut un printemps.

LE PANPAN BACHIQUE

Air : Repas en voyage.

Lorsque le champagne
Fait en s'échappant
Pan, pan,
Ce doux bruit me gagne
L'âme et le tympan.

Le mâcon m'invite,
Le beaune m'agite,
Le bordeaux m'excite,
Le pomard me séduit ;
J'aime le tonnerre.
J'aime le madère ;
Mais par caractère,
Moi qui suis pour le bruit...
Lorsque le champagne, etc.

Quand, aidé du pouce,
Le liége que pousse
L'écumante mousse,
Saute et chasse l'ennui,
Vite je présente
Ma coupe brûlante,

Et gaîment je chante
En sautant avec lui :
Lorsque le champagne, etc.

Qu'Horace en goguette,
Courant la guinguette,
Verse à sa grisette
Le falerne si doux ;
S'il eût, le cher homme,
Connu Paris comme
Il connaissait Rome,
Il eût dit avec nous :
Lorsque le champagne, etc.

Maîtresse jolie
Perd de sa folie,
Se fane et s'oublie,
Victime des hivers.
Mais ma Champenoise,
Grise comme ardoise,
En est plus grivoise,
Et me dicte ces vers :
Lorsque le champagne, etc.

De ce véhicule
Où roule et circule
Maint et maint globule,
Si le feu me séduit,
C'est que de ma tête,
Qu'aucun frein n'arrête,
L'image parfaite
Toujours s'y reproduit.
Lorsque le champagne, etc.

Quand de la folie
La vive saillie
S'arrête affaiblie,
Vers la fin du banquet,
Qui vient du délire
Remonter la lyre ?
Du jus qui m'inspire
C'est le divin bouquet.
Lorsque le champagne, etc.

Pour calmer la peine,
Adoucir la gêne,
Eteindre la haine
Et dissiper l'effroi.
Que faut-il donc faire ?
Sabler à plein verre
Ce jus tutélaire,
Et chanter avec moi :
Lorsque le champagne
Fait en s'échappant
Pan, pan,
Ce doux bruit me gagne
L'âme et le tympan.

LE VERRE

Air : La bonne chose que le vin ! ou air du vaudeville du *Fandango*

Quand je vois des gens ici-bas
Sécher de chagrin ou d'envie,
Ces malheureux, dis-je tout bas,
N'ont donc jamais bu de leur vie !

On ne m'entendra pas crier
Peine, famine, ni misère,
Tant que j'aurai de quoi payer
Le vin que peut tenir mon verre.

Riche sans posséder un sou,
Rien n'excite ma jalousie ;
Je ris des mines du Pérou,
Je ris des trésors de l'Asie ;
Car sans sortir de mon taudis,
Grâce au seul Dieu que je révère.
Je vois et topaze et rubis
Abonder au fond de mon verre.

Tout nous atteste que le vin
De tous les maux est le remède,
Et les dieux n'ont pas fait en vain
Un échanson de Ganymède.
Je gage même que ces coups
Que l'homme attribue au tonnerre,
Sont moins l'effet de leur courroux
Que du choc bruyant de leur verre.

Chaque jour l'humide fléau
Des cieux ne rompt-il pas les digues ?
Si les immortels aimaient l'eau,
Ils n'en seraient pas si prodigues.
Et quand nous voyons par torrent
La pluie inonder notre terre,
C'est qu'ils rejettent en jurant
L'eau que l'on verse dans leur verre.

Le bon vin rend l'homme meilleur,
Car du monarque assis à table

Vit-on jamais le bras vengeur
Signer la perte d'un coupable ?
De son cœur le courroux banal
N'obscurcit plus son front sévère :
Armé du sceptre, il l'eût puni ;
Il lui pardonne, armé du verre.

Je ne sais par quel vertigo
Ou quelle suffisance extrême,
Narcisse, en se mirant dans l'eau,
Devint amoureux de lui-même.
Moi, fort souvent je suis atteint
De cette risible chimère,
Mais c'est lorsque je vois mon teint
Pourpré par le reflet du verre.

Dieu du vin, Dieu de l'univers,
Toi qui me fis à ton image,
Reçois ce tribut de mes vers ;
Et, pour couronner ton ouvrage,
Fais, jusqu'à mes instants derniers,
Que dans ma soif je persévère,
Et qu'à ma mort mes héritiers
Ne trouvent plus rien dans mon verre.

LA

PROMENADE SENTIMENTALE

Ou le Danger de sortir sans argent

AIR : Partant pour la Syrie.

Partant pour la Villette,
Le jeune et beau François

Dit un jour à Fanchette :
« Veux-tu t'en v'nir au bois? »
Plaignez l'amant fidèle,
Délicat et galant,
Qui, pour prom'ner sa belle,
N'a pas un sou vaillant.

Ils partent : le temps s'barbouille,
Si ben qu'ça tombe à seau.
Et qu' l'averse les mouille,
Qu' tout collait sur leur peau.
Plaignez l'amant fidèle,
Délicat et galant,
Qui, pour sécher sa belle,
N'a pas un sou vaillant.

Fanchette alors propose,
Passant d'vant z'un bouchon,
D' s'y rafraîchir d' queuqu'chose,
N' fût-ce qu' d'un pied d' cochon.
Plaignez l'amant fidèle,
Délicat et galant.
Qui, pour traiter sa belle,
N'a pas un sou vaillant.

De son cou blanc comm' cire,
L' vent fait voler l'mouchoir,
Et j'n'ai pas besoin d' dire
Tout c'que ça laisse voir.
Plaignez l'amant fidèle,
Délicat et galant,
Qui, pour voiler sa belle,
N'a pas un sou vaillant.

Bientôt nouvell' disgrâce :
En sautant un ruisseau.
L' sabot d' Fanchette s' casse,
Et v'là son pied dans l'eau.
Plaignez l'amant fidèle,
Délicat et galant,
Qui, pour chausser sa belle,
N'a pas un sou vaillant.

Plus loin, autre anicroche :
L' parasol d'un benêt
D' la pauvr' Fanchette accroche
Et déchire l' bonnet.
Plaignez l'amant fidèle,
Délicat et galant,
Qui, pour coiffer sa belle,
N'a pas un sou vaillant.

Tandis qu' Fanchette endève,
L' carosse d'un péquin
D'un coup d'brancard lui crève
Tout l' dos d' son casaquin.
Plaignez l'amant fidèle,
Délicat et galant,
Qui, pour nipper sa belle,
N'a pas un sou vaillant.

Un gros doguin qui joue,
Sur Fanchett' s'élançant,
L'y caresse la joue,
Qu'elle en est tout en sang,
Plaignez l'amant fidèle,
Délicat et galant,

Qui, pour panser sa belle,
N'a pas un sou vaillant.

La voyant z'évanouie,
Chacun dit qu'un matelas
La rendra z'à la vie ;
V'là François dans d'beaux draps.
Plaignez l'amant fidèle,
Délicat et galant,
Qui, pour coucher sa belle,
N'a pas un sou vaillant.

Chez ell' François la r'mène
Et l'y d'mande par pitié,
Qu' pour prix de toute sa peine,
All' d'vienne sa moitié.
Va donc, z'amant fidèle,
Dit-elle en s' r'habillant,
Faut, pour avoir un' belle,
Avoir queuqu' sous vaillant.

ENVOI AUX AMATEURS

V'là ma chanson finie ;
Mais comme c' n'est pas l' Pérou,
A tout' la compagnie
J' l'a donne pour un sou.
Et faut qu' l'amant fidèle
Qui r'fus'rait z'en passant,
D'en régaler sa belle,
N'ait pas un sou vaillant.

LE NEC PLUS ULTRA

DE GRÉGOIRE

AIR : Joyeux enfants de la Bouteille.

J'ai Grégoire pour nom de guerre,
J'eus en naissant horreur de l'eau ;
Jour et nuit armé d'un grand verre,
Lorsque j'ai sablé mon tonneau,
Tout fier de ma victoire,
Encore ivre de gloire,
Reboire,
Voilà (*bis*)
Le nec plus ultrà
Des plaisirs de Grégoire.

En latin, en droit, en physique,
Je fus toujours un ignorant ;
Poésie, algèbre, musique,
Tout me paraît de l'Alcoran ;
Fable, roman, histoire,
Sont pour moi du grimoire ;
Mais boire !
Voilà (*bis*)
Le nec plus ultrà
Des talents de Grégoire.

Qu'un poëte de l' Athénée,
De ses éphémères travaux
Sur la clientèle abonnée
Aille répandre les pavots :
Son fatras oratoire
Assomme l'auditoire ;
Bien boire !
Voilà (*bis*)
Le nec plus ultrà
De l'esprit de Grégoire.

A Cythère, dans mon jeune âge,
Si j'ai brûlé beaucoup d'encens,
Aujourd'hui, plus mûr et plus sage,
Je me dis, maître de mes sens :
Œil tendre, dents d'ivoire
N'ont qu'un charme illusoire ;
Mais boire !
Voilà (*bis*)
Le nec plus ultrà
Des amours de Grégoire.

Me trouver, en sortant de table,
Et sans soif et sans appétit ;
Voir ma cave si délectable
S'épuiser petit-à-petit.
N' avoir dans son armoire
Que la Seine ou la Loire
A boire...
Voilà (*bis*)
Le nec plus ultrà
Des chagrins de Grégoire.

Mais doué d'une âme assez ferme
Pour maîtriser les coup du sort,
De mes maux avancer le terme,
Et savoir vendre, sans effort,
Lit, vaisselle, écritoire,
Tout, jusqu'à l'écumoire,
Pour boire...
Voilà (bis)
Le nec plus ultrà
Des vertus de Grégoire.

Lorsqu'enfin vers l'empire sombre
Il faudra prendre mon essor,
Oubliant que je suis une ombre,
Le verre en main pouvoir encore,
En dépit du déboire,
Chanter sur l'onde noire :
A boire...
Voilà (bis)
Le nec plus ultrà
Des désirs de Grégoire.

CONSEILS AUX GARÇONS

AIR du vaudeville des *Deux Edmond.*

Ruinés par mainte folie,
Vous qui trouvez femme jolie,

Riche en vertus, or et bijoux,
Mariez-vous.
Mais vous à qui femme charmante
N'apporte pour dot et pour rente
Que ses dettes et ses appas,
Ne vous mariez pas

Vous qui, contraints par vos affaires,
D'être nuit et jour sédentaires,
Pouvez dépister les jaloux,
Mariez-vous.
Mais vous dont les fâcheux voyages,
De vos solitaires ménages
Jour et nuit éloignent les pas,
Ne vous mariez pas.

Vous de qui l'heureux ministère
N'exige point de secrétaire,
Au ton galantin, à l'œil doux,
Mariez-vous.
Mais vous de qui la place entraîne
Des commis, des clercs qui, sans gêne,
Viennent partager vos repas,
Ne vous mariez pas.

Vous que des arts l'amour anime,
Qui brûlez de leur feu sublime,
Pour propager ces nobles goûts,
Mariez-vous.
Mais vous dont l'esprit méthodique,
Plein de son calcul algébrique,
Ne rêve que règle et compas,
Ne vous mariez pas.

Vous qui vous sentez le courage
De subir, à peine en ménage,
La chance commune aux époux,
Mariez-vous.
Mais vous dont l'humeur trop jalouse
Voudrait exiger d'une épouse
Fidélité jusqu'au trépas,
Ne vous mariez pas.

Vous dont la noble confiance
Ne commande pas la constance
Par des grilles et des verrous.
Mariez-vous.
Mais par un esclavage infâme
Vous qui prétendez qu'une femme
Peut être à l'abri d'un faux pas,
Ne vous mariez pas.

Vous enfin dont l'épouse aimable
Doit se plaire à vous voir à table
Et boire et chanter comme nous,
Mariez-vous.
Mais vous dont la femme bégueule
Voudrait à sa personne seule
Réduire vos joyeux ébats,
Ne vous mariez pas.

PARLEZ-MOI D'ÇA

AIR : Mon Galoubet.

Ne m' parlez pas
De ces repas
Où l'on sert des mets que d'avance
Sur leurs fourneaux l'ennui glaça ;
Mais s'agit-il d'une bombance
Où fillettes, flacons, tout danse,
Parlez-moi d'ça (*4 fois*).

Ne m' parlez pas
De ces appas
Que l'artifice dénature,
Et que Plutus seul caressa...
Mais ces charmes sans imposture,
Et dont quinze ans font la pâture,
Parlez-moi d'ça.

Ne m'parlez pas
De ces ébats
Que, sans l'Amour, l'Hymen ordonne,
Que toujours le cœur repoussa,
Mais ceux où l'âme s'abandonne,
Goûtant les plaisirs qu'elle donne,
Parlez-moi d' ça.

Ne m' parlez pas
De ces débats

Où s'égorgent deux adversaires
Qu'un seul mot souvent courrouça.
Mais ces querelles passagères
Qui se vident avec les verres,
Parlez-moi d'ça.

Ne m' parlez pas
De ces pieds-plats
Tout fiers du brillant équipage
Où leur bassesse les plaça ;
Mais l'or devient-il l'apanage
Ou du génie ou du courage,
Parlez-moi d' ça.

Ne m' parlez pas
De ce fatras
Qui de la fange du Parnasse
Sortit et nous éclaboussa.
Mais ces vers dont l'esprit, la grâce
Font revivre Tibulle, Horace...
Parlez-moi d' ça.

Ne m' parlez pas
De ces prélats
Qui ne chantent que patenôtres
Et que la paresse engraissa ;
Mais ces abbés, joyeux apôtres,
Scarron, Chaulieu, Bernis et d'autres...
Parlez-moi d' ça.

Ne m' parlez pas
De l'embarras
Qui suit une fortune immense,
Que bien ou mal on amassa ;

Quelques amis, un peu d'aisance,
Folle gaîté, sage dépense,
Parlez-moi d' ça.

Ne m' parlez pas
De ce trépas
Que plus d'un docteur nous attire
Par les juleps qu'il nous versa;
Mais après trente ans de délire,
Faut-il enfin mourir de rire...
Parlez-moi d' çà.

LES INCONVÉNIENTS

DE LA FORTUNE

AIR : Adieu paniers, vendanges sont faites.

Depuis que j'ai touché le faîte
Et du luxe et de la grandeur,
J'ai perdu ma joyeuse humeur!
Adieu bonheur ! (*bis.*)
Je bâille comme un grand seigneur.
Adieu bonheur !
Ma fortune est faite.

Le jour, la nuit, je m'inquiète :
La chicane et tous ses suppôts
Chez moi fondent à tous propos;
Adieux repos !
Et je suis surchargé d'impôts...

Adieu repos !
Ma fortune est faite.

Toi dont la grâce gentillette,
En me ravissant la raison,
Sut charmer ma jeune saison
Adieu Suzon !
Je dois te fermer ma maison..,
Adieu Suzon !
Ma fortune est faite.

Plus d'appétit, plus de goguette ;
Dans un carrosse empaqueté,
Je promène ma dignité.
Plus de gaîté !
Et par bon ton je prends du thé...
Adieu gaîté !
Ma fortune est faite.

Pour le plus léger mal de tête.
Au poids de l'or je suis traité.
J'entretiens seul la Faculté,
Adieu santé !
Hier trois docteurs m'ont visité...
Adieu santé !
Ma fortune est faite.

Vous, qui veniez dans ma chambrette
Rire et boire avec vos tendrons,
Qui souvent en sortiez si ronds,
Adieu lurons !
Quand je serai gueux nous rirons...
Adieu lurons !
Ma fortune est faite.

Mais je vois, en grande étiquette,
Chez moi venir ducs et barons.
Lyre, il faut suspendre tes sons.
Adieu chansons !
Mon suisse annonce, finissons...
Adieu chansons !
Ma fortune est faite.

LE DÉLIRE BACHIQUE

AIR : Pomm's de reinette, pomm's d'api.

Quand on est mort c'est pour longtemps,
Dit un viel adage
Fort sage ;
Employons donc bien nos instants,
Et contents,
Narguons la faux du Temps.
De la tristesse
Fuyons l'écueil ;
Evitons l'œil
De l'austère sagesse.
De sa jeunesse
Qui jouit bien,
Dans sa vieillesse
Ne regrettera rien.
Si tous les sots
Dont les sanglots,
Mal à propos,
Ont éteint l'existence,

Redevenaient
Ce qu'ils étaient
Dieu sait, je pense,
Comme ils s'en donneraient
Quand on est mort, etc.

Pressés d'éclore,
Que nos désirs,
Que nos plaisirs
Naissent avec l'aurore :
Quand Phébus dore
Notre réduit,
Chantons encore
Chantons quand vient la nuit ;
Des joyeux sons
De nos chansons
Etourdissons
La ville et la campagne,
Et que, moussant
A notre accent,
Le gai champagne
Répète en jaillissant :
Quand on est mort, etc.

Jamais de gêne,
Jamais de soin ;
Est-il besoin
De prendre tant de peine
Pour que la haine,
Lançant ses traits,
Tout-à-coup vienne
Détruire nos succès ?
Qu'un jour mon nom

De son renom
Remplisse ou non
Le Temple de Mémoire,
J'ai la gaîté,
J'ai la santé,
Qui vaut la gloire
De l'immortalité.
Quand on est mort, etc.

Est-il monarque
Dont les bienfaits,
Dont les hauts faits
Aient désarmé la Parque ?
Le souci marque
Leur moindre jour,
Et puis la barque
Les emporte à leur tour.
Je n'ai pas d'or,
Mais un trésor
Plus cher encor,
Me console et m'enivre ;
J'aime, je bois,
Je plais parfois ;
Qui sait bien vivre
Est au-dessus des rois.
Quand on est mort, etc.

Au lit, à table
Aimons, rions,
Puis envoyons
Les affaires au diable.
Juge implacable
Sot chicaneur,

Juif intraitable,
Respectez mon bonheur.
Je suis, ma foi,
De mince aloi ;
Epargnez-moi
Votre griffe funeste...
Sans vous, hélas !
N'aurai-je pas
Du temps de reste
Pour me damner là-bas ?
Quand on est mort, etc.

Quand le tonnerre
Vient en éclats
De son fracas
Epouvanter la terre,
De sa colère
Qu'alors pour nous
Le choc du verre
Amortisse les coups.
Bouchons volez !
Flacons, coulez !
Buveurs, sablez !
Un dieu sert les ivrognes.
Au sein de l'air,
Que notre œil fier,
Nos rouges trognes
Fassent pâlir l'éclair.
Quand on est mort, etc.

De la guinguette
Jusqu'au boudoir,
Matin et soir
Circulons en goguette.

Guerre aux grisettes,
Guerre aux jaloux.
Guerre aux coquettes,
Surtout guerre aux époux.
Sur vingt tendrons,
Bien frais, bien ronds,
En franc lurons,
Faisons rafle à toute heure
Puisque aussi bien,
Sage ou vaurien,
Il faut qu'on meure,
Ne nous refusons rien
Quand on est mort, c'est pour longtemps,
Dit un vieil adage
Fort sage ;
Employons donc bien nos instants,
Et contents,
Narguons la faux du Temps

CONFESSION

AUX PRÊTRES DE MOMUS

RONDE CHANTÉE AUX SOUPERS DE MOMUS LE 5 JUIN 1815.

AIR : J'ons un curé patriote.

LE PÉNITENT.

Dans ce temple respectable,
Frères qui m'admettez tous,

Reconnaissez un coupable
Qui ne saurait être absous.
J'ai fait l'horrible serment
De vivre et mourir gaîment.

LES PRÊTRES.

Absolvons (ter) ce pénitent,
Car nous en faisons tous autant.

LE PÉNITENT.

Mais de plus je me confesse,
Sans scrupule et sans regret,
De me montrer à la messe
Moins souvent qu'au cabaret;
D'entonner bien plus souvent
La chanson que le plain-chant...

LES PRÊTRES.

Absolvons (ter) ce pénitent,
Car nous en faisons tous autant.

LE PÉNITENT.

Quand je vois une fillette,
Soudain mon cœur fait tic-tac...
Pour peu qu'elle soit bien faite
Ma tête se monte, et crac,
Chaque route qu'elle prend
Je l'enfile adroitement.

LES PRÊTRES.

Absolvons (ter) ce pénitent,
Car nous en faisons tous autant.

LE PÉNITENT.

Si je rencontre une femme
Délaissée à ses ennuis,
Maudissant au fond de l'âme
Et ses devoirs et ses nuits,
Supplanter le délinquant,
Me paraît toujours piquant.

LES PRÊTRES.

Absolvons (ter) ce pénitent.
Car nous en faisons tous autant.

LE PÉNITENT.

Partisan de la paresse,
Ami de l'oisiveté,
Quelque besoin qui me presse,
Je chante avec volupté :
« Travailler est assommant,
Et ne rien faire est charmant. »

LES PRÊTRES.

Absolvons (ter) ce pénitent,
Car nous en faisons tous autant.

LE PÉNITENT.

Lorsque, par hasard, je joue
La bouillotte ou le boston,
Toute laide, je l'avoue
Que soit cette passion,
J'aime mieux être, en partant,
Le gagnant que le perdant.

LES PRÊTRES.

Absolvons (ter) ce pénitent,
Car nous en faisons tous autant.

LE PÉNITENT.

Qu'autour d'une large table
Que surchargent cent flacons,
J'entende une troupe aimable
S'écrier : Trinquons! trinquons!
De tous les verres je prends
Les plus pleins et les plus grands.

LES PRÊTRES.

Absolvons (ter) ce pénitent,
Car nous en faisons tous autant.

LE PÉNITENT.

J'ai des dettes, que j'espère,
En aucun temps ne nier ;
Mais toujours prompt à les faire,
Je suis lent à les payer ;
Et lorsque j'ai de l'argent,
Je les oublie en mangeant.

LES PRÊTRES.

Absolvons (ter) ce pénitent,
Car nous en faisons tous autant.

LE PÉNITENT.

Qu'un bon vivant me convie,
Pour un banquet de gourmand ;

Qu'à la même heure on me prie
D'être d'un enterrement,
Je lâche le plus souvent
Le mort pour le bon vivant.

LES PRÊTRES.

Absolvons (ter) ce pénitent,
Car nous en faisons tous autant.

LE PÉNITENT.

En un mot, mon plus grand vice,
Frères, c'est la vanité;
Quelque vers que j'écrivisse,
J'ai sans cesse répété :
Des neuf Sœurs heureux amant,
Je fais maint couplet charmant.

LES PRÊTRES.

Absolvons (ter) ce pénitent,
Car nous en faisons tous autant (*).

LA

MANIÈRE DE VIVRE CENT ANS

Si de votre vie,
Joyeux Troubadours,

(*) Ce dernier couplet embarrassa d'abord les convives des soupers de Momus; mais bientôt leur modestie leur inspira l'idée de changer le dernier vers, et ils chantèrent en chœur :

Condamnons (*ter*) le pénitent
Car nous n'en faisons pas autant.

Vous avez l'envie
D'étendre le cours,
Écoutez les sons
De ma lyre sexagénaire ;
Prêcher en chansons
Est ma fantaisie ordinaire.
Daignez donc vous taire
Pour quelques instants ;
Voici la manière
De vivre cent ans.

S'endormir à l'heure
Où le jour s'enfuit ;
Quitter sa demeure
Dès que le jour luit ;
Au loin de ses pas
Porter sa marche irrégulière ;
Pour chaque repas
Nouvelle course auxiliaire ;
Et l'année entière
Même passe-temps,
Voilà la manière
De vivre cent ans.

Fier, sur une tonne,
Narguer le chagrin ;
Prévoir quand il tonne
Un ciel plus serein ;
Se montrer soumis
Aux coups du sort parfois sévère ;
Tendre à ses amis
Sa bourse, sa main et son verre ;
Suivre la bannière

De Roger Bontemps,
Voilà la manière
De vivre cent ans.

Des beautés factices
Redouter l'accueil,
De leurs artifices
Eviter l'écueil ;
Sauver sa gaîté
Des flots de la gent chicanière ;
De la Faculté
Fuir la doctrine meurtrière ;
Ne faire la guerre
Qu'aux cerfs haletants.
Voilà la manière
De vivre cent ans.

Toujours honnête homme.
Marcher hardiment ;
Toujours économe,
Jouir sobrement ;
Être par accès
Des neuf sœurs heureux tributaire ,
Puis avec succès
Volant du Parnasse à Cythère,
A rimer et plaire
Consacrer son temps,
Voilà la manière
De vivre cent ans.

Lorsque du jeune âge
On sent fuir l'ardeur,
Dans un doux ménage
Chercher le bonheur ;

Au gré de ses vœux
Voir bientôt son épouse mère,
Toujours plus heureux,
Au bout de dix ans se voir père
D'une pépinière
D'enfants bien portants.
Voilà la manière
De vivre cent ans.

Du gai vaudeville
Fidèles troupeaux,
Parcourir la ville
Au son des pipeaux ;
Convives grivois,
Chaque mois faire bonne chère,
Serrer chaque mois
Les nœuds d'une amitié si chère,
Se revoir, se plaire,
Se quitter contents,
Voilà la manière
De vivre cent ans.

Faut-il par l'exemple
Vous convaincre tous?
J'en vois dans ce temple
Un bien doux pour nous.
Regardez Laüjon,
L'honneur de notre sanctuaire ;
Fils d'Anacréon,
Il boit et chante octogénaire ;
Toute sa carriere
Fut un long printemps :

Voilà la manière
De vivre cent ans.

LE SANS-SOUCI

OU MA PROFESSION DE FOI

AIR : Eh! qu'est-c' qu' ça m' fait à moi?

Un refrain dont le vulgaire
A bercé mes premiers ans.
Sous mes doigts reconnaissants
Va renaître à la lumière.
Eh ! qu'est-c' qu' ça m' fait à moi
Qu'on me nomme plagiaire,
Eh ! qu'est-c' qu' ça m' fait à moi,
Quand je chante et quand je boi?

Tout refrain qui mène à boire,
(N'en déplaise aux buveurs d'eau)
Paraîtra toujours nouveau,
Fût-il vieux comme l'histoire,
Eh ! qu'est-c' qu' ça m' fait à moi,
Qu'un autre en ait eu la gloire?
Eh ! qu'est-c' qu' ça m' fait à moi,
Quand je chante et quand je boi?

Que l'on trouve fort étrange
Que je ne maigrisse point,
Qu'on raille mon embonpoint
Et l'appétit dont je mange...

Eh ! qu'est-c' qu' ça m' fait à moi ?
C'est ma santé qui me venge.
Eh ! qu'est-c' qu' ça m' fait à moi,
Quand je chante et quand je boi ?

Qu'un objet tout adorable
Me jure éternel amour,
Et me délaisse un beau jour
Pour un amant plus aimable...
Eh ! qu'est-c' qu' ça m' fait à moi?
De ses bras je passe à table.
Eh ! qu'est-c' qu' ça m' fait à moi,
Quand je chante et quand je boi ?

Qu'un savant s'épuise en veilles
Pour savoir par quel secret
Du soleil l'heureux effet
Enfante autant de merveilles...
Eh ! qu'est-c' qu' ça m' fait à moi,
Pourvu qu'il dore mes treilles ?
Eh ! qu'est-c' qu' ça me fait à moi,
Quand je chante et quand je boi ?

De Tufière second tome,
Que l'épais et sot Mondor
Marche sur des tissus d'or
Et sous les lambris d'un dôme...
Eh ! qu'est-c' qu' ça m' fait à moi,
Ou la pourpre ou l'humble chaume !
Eh ! qu'est-c' qu' ça m'fait à moi,
Quand je chante et quand je boi?

Après mainte et mainte entrave,
Livrée au grand tribunal,

Que ma pièce, au jour fatal,
Éprouve un choc assez grave...
Eh ! qu'est-c' qu' ça m' fait à moi,
J'en ai d'autres dans ma cave.
Eh ! qu'est-c' qu' ça m' fait à moi,
Quand je chante et quand je boi ?

Celui-ci du vin de Beaune
Vante le goût délicat ;
Celui-là veut du muscat ;
C'est l'aï qu'un autre prône...
Eh ! qu'est-c' qu' ça m' fait à moi,
Qu'il soit rouge, ou blanc, ou jaune ?
Eh ! qu'est-c' qu' ça m' fait à moi,
Quand je chante et quand je boi ?

En Wisky qu'un jour Gros-Pierre,
Voulant narguer les passants,
Quitte, pour être dedans,
La place qu'il eut derrière...
Eh ! qu'est-c' qu' ça m' fait à moi,
Il la reprendra, j'espère.
Eh ! qu'est-c' qu' ça m' fait à moi,
Quand je chante et quand je boi ?

Qu'un marin dans l'espérance
D'un grand nom, d'un grand butin,
Entreprenne un beau matin
Le tour de ce globe immense...
Et qu'est-c' qu' ça m' fait à moi,
J'en ai deux en ma puissance.
Eh ! qu'est-c' qu' ça m' fait à moi,
Quand je chante et quand je boi !

Qu'un journal, quand j'ose écrire
Un couplet contre l'ennui,
Le croyant fait contre lui,
Le lendemain me déchire...
Eh ! qu'est-c' qu' ça m' fait à moi,
Si ma chanson vous fait rire ?
Eh ! qu'est-c' qu' ça m' fait à moi,
Quand je chante et quand je boi ?

LA TREILLE DE SINCÉRITÉ

Air nouveau.

Nous n'avons plus cette merveille,
Ce phénomène regretté,
La treille } (bis)
De sincérité. }

Cette treille miraculeuse,
Dont la vertu tient du roman,
Passa longtemps pour fabuleuse
Chez le Gascon et le Normand ; (bis)
Mais des garants très-authentiques
Ont lu dans un savant bouquin,
Que son raisin des plus antiques,
Existait sous le roi Pépin...
Nous n'avons, etc.

Un docteur qui faisait parade
De son infaillibilité,

Allant visiter un malade,
Vit le raisin et fut tenté.
Puis, de son homme ouvrant la porte,
Et le trouvant sans pouls ni voix :
« C'est, dit-il (le diable m'emporte),
Le trentième depuis un mois. »
Nous n'avons, etc.

Un auteur sous un frais ombrage,
Lisant un poème fort beau,
A chaque feuille de l'ouvrage,
S'humectait d'un raisin nouveau.
« Ça, lui dit-on, un tel poème
Vous a coûté six mois et plus?...
— Non, reprit-il à l'instant même...
Il m'a coûté cinquante écus. »
Nous n'avons, etc.

Sous la treille, un petit Pompée
Criait aux badauds étonnés :
« Dans ma vie, ah ! quels coups d'épée,
Quels coups de sabre j'ai donnés !
Quels coups de fusil ! quels coups...» Zeste.
Il mord la grappe là-dessus,
Et poursuit d'un air plus modeste :
« Quels coups de bâton j'ai reçus ! »
Nous n'avons, etc.

Au moment de donner la vie
A l'héritier de son époux,
Une jeune femme eut envie
De ce raisin si beau, si doux !
Et le pauvre homme ayant, pour elle
Cueilli le fruit qu'elle happa :

« Que mon cousin, lui dit la belle,
Sera content d'être papa ! »
Nous n'avons, etc.

Un curé, que le saint bréviaire
Amusait moins que le bon vin,
S'avisa de monter en chaire
Plein du jus du fatal raisin.
« Frères, dit-il à l'auditoire,
Malgré tout ce que je vous dis,
Je sais aimer, chanter et boire,
Et je fais gras les vendredis... »
Nous n'avons, etc.

Mais, hélas ! par l'ordre du prince,
Ce raisin, justement vanté,
Un jour du fond de sa province,
Près du trône fut transplanté.
Pauvre treille, autrefois si belle,
Que venais-tu faire à la cour ?
L'air en fut si malsain pour elle,
Qu'elle y mourut le premier jour.
Nous n'avons plus cette merveille
Ce phénomène regretté,
La treille
De sincérité.

LE CÉLIBATAIRE

AIR : Tout le long de la rivière.

Jeunes gens, qui, sans raisonner,
N'aspirez qu'à vous enchaîner,
Suivez votre amoureuse envie ;
Mais voulant jouir de la vie,
Moi, messieurs, j'ai toujours chanté :
« Pas de bonheur sans liberté. »
Ce que j'en dis n'est pas que je vous blâme ;
Car j'aime beaucoup que l'on prenne une femme,
Car j'aime que l'on prenne une femme.

Votre moitié sans doute aura
Grâces, vertus, et cœtera ;
Mais si vous découvrez qu'une autre
En a plus encor que la vôtre,
Certain regret va vous saisir...
Garçon, je puis toujours choisir...
Ce que j'en dis, etc.

Vous jurerez d'aimer toujours
Ces traits charmants, ces doux contours,
Mais leur fraîcheur, leur grâce extrêmes,
Pourront bien n'être plus les mêmes
A leur soixantième printemps :
Ma maîtresse a toujours seize ans.
Ce que j'en dis, etc.

Vos dames seront des moutons ;
Cependant donnez-vous les tons

De ne rentrer qu'avec l'aurore,
Le tendre agneau qui vous adore
Boudera, grondera, criera.
Moi mon chien me caressera.
Ce que j'en dis, etc.

De vos feux pour un court trajet,
Quittez le légitime objet...
Voilà qu'une fièvre jalouse
Vient, loin de votre chère épouse,
Tourmenter vos jours et vos nuits;
Ma femme est partout où je suis.
Ce que j'en dis, etc.

Un jeune tendron vous séduit;
Chez lui le désir vous conduit.
Mais s'il apprend que l'hyménée.
Enchaîne votre destinée,
Son cœur pour vous devient glaçon;
Et la fille est pour le garçon...
Ce que j'en dis, etc.

Conduisez-vous madame au bal,
N'en déplaise au nœud conjugal,
Il faut, de peur du ridicule,
Souffrir que votre effet circule,
Le bon ton vous en fait la loi.
Elle est à Pierre, à Paul, à moi...
Ce que j'en dis, etc.

Enfin, le premier feu passé,
L'un de l'autre bientôt lassé,
Pour couronner gaîment l'affaire,
On finit, messieurs, par vous faire...

Mais je vous vois déjà trembler !
De quoi vais-je me mêler ?
Ce que j'en dis, n'est pas que je vous blâme ;
Car j'aime beaucoup que l'on prenne une femme,
Car j'aime que l'on prenne une femme.

LE POUR ET LE CONTRE

AIR : Ah ! le bel oiseau, maman.

Mourons, mes amis, mourons
Dans la vie
Tout ennuie ;
Mourons, mes amis, mourons!
Le plus tôt que nous pourrons.

Venir au monde tout nu,
Rêver ou fortune ou gloire,
Partir comme on est venu,
Voilà toute notre histoire...
Mourons, etc.

Cependant, bon appétit,
Bonne cave, bonne chère,
Bonne fortune et bon lit,
Ne se trouvent que sur terre,..
Vivons, mes amis, vivons!
Fuir la vie,
C'est folie ;
Vivons, mes amis, vivons
Deux cents ans si nous pouvons.

Mais la vie est un jardin
Où l'homme épris d'une rose,
N'y peut toucher que soudain
Un peu de sang ne l'arrose.
Mourons, etc.

Mais, hélas ! si nous mourons,
De vingt minois pleins de charmes
Les yeux que nous adorons
Vont s'éteindre dans les larmes....
Vivons, etc.

Mais si nous vivons, hélas !
Nous risquons de voir nos belles
Tôt ou tard en d'autres bras
Porter leurs flammes fidèles...
Mourons, etc.

Eh quoi ! mourir dans leurs fers !
Elles seraient trop contentes...
Et croyons-nous aux enfers
En trouver de plus constantes ?
Vivons, etc.

Là-bas pourtant nous verrions
Les Racines, les Molières,
Les Panards, les Crébillons,
Qu'ici nous ne voyons guères...
Mourons, etc.

Ce parti, fort bon d'ailleurs,
N'est pourtant pas des plus sages...
Nous verrions ces grands auteurs,
Mais verrions-nous leurs ouvrages ?
Vivons, etc.

Mais un maudit charlatan,
Suivant la mode commune,
Peut, avant qu'il soit un an,
Nous tuer dix fois pour une...
    Mourons, etc.

Mais au ténébreux manoir
Quand par miracle on échappe,
Il est si doux de revoir
L'épi, la rose et la grappe!
    Vivons, etc.

Mais ces trésors de nos champs,
Jusques au plus faible arbuste,
Fleurissent pour les méchants
Aussi bien que pour le juste.
    Mourons, etc.

Mais puisqu'à tous ces abus
Le ciel opposa sur terre
Le champagne et les vertus,
Les talents et le madère,
    Vivons, etc.

Deux cents ans sont un peu longs;
A cet âge rien ne tente...
Mais sitôt que nous aurons
De cent vingt-cinq à cent trente...
Mourons, mes amis, mourons!
        Dans la vie
        Tout ennuie;
Mourons, mes amis, mourons
Le plus tard que nous pourrons.

L'ÉPICURIEN

ENTRE DEUX AGES

AIR : Tonton, tonton, tontaine, tonton.

C'en est donc fait! j'ai des folies
Passé la trop courte saison,
  A moi (bis), carafe et raison,
Mais je veux aux femmes jolies
Boire au moins un dernier flacon ;
  A moi, bouteille et chanson.

L'âge m'arrachant aux grisettes,
M'unit aux dames de grand ton ;
  A moi (bis), carafe et raison.
Mais j'étais prisonnier pour dettes,
L'hymen a payé ma rançon ;
  A moi, bouteille et chanson !

Voilà que ma petite Estelle
Vient me répéter sa leçon,
  A moi (bis), carafe et raison !
J'entends sa mère qui l'appelle,
Je vois entrer un bon garçon ;
  A moi, bouteille et chanson.

Une place des plus flatteuses
Me vaut des ennuis à foison ;
  A moi (bis), carafe et raison !
Mais d'aimables solliciteuses

Le matin cernent ma maison ;
  A moi, bouteille et chanson !

Hai ! hai ! hai ! la goutte ennemie
Vient m'ordonner l'eau pour boisson,
  A moi (bis), carafe et raison !
La voilà, je crois, endormie...
Adieu tisane, adieu poison ;
  A moi, bouteille et chanson !

L'heure à mon poste me rappelle,
Il faut regagner ma prison,
  A moi (bis), carafe et raison !
Mais en route un ami fidèle
M'invite à monter chez Grignon ;
  A moi, bouteille et chanson !

Sur moi pourtant prompt à descendre,
L'hiver déjà me rend grison,
  A moi (bis), carafe et raison !
Que dis-je ? ah ! plutôt pour défendre
Mes sens de son triste frisson,
  A moi, bouteille et chanson !

Gilbert fut vieux dans sa jeunesse,
Pour avoir dit, nouveau Caton :
  A moi (bis), carafe et raison.
Laujon fut jeune en sa vieillesse,
Pour avoir dit, nouveau Piron :
  A moi, bouteille et chanson.

Tristes pédants que rien n'enivre,
Chantez d'un débile poumon :
  A moi (bis), carafe et raison.

Moi je chante, ne pouvant vivre
Sans un glouglou, sans un flonflon :
A moi, bouteille et chanson !

A quatre-vingt-dix-ans, peut-être,
J'entonnerai cette oraison :
A moi (bis), carafe et raison !
Jusque-là, Bacchus, sois mon maître,
Et toi, Momus, mon échanson...
A moi, bouteille et chanson !

LE DINER D'ÉTIQUETTE

AIR : Eh ! gai, gai, mon officier.

Eh ! gai, gai, gai, qu'ils sont joyeux
Les dîners d'étiquette ;
Eh ! gai, gai, gai, pas de goguette
Où l'on s'amuse mieux.

Lundi, Mondor m'invite ;
Il faut l'habit de cour,
Et je dépense vite
Mon trimestre en un jour.
Eh ! gai, etc.

J'arive juste à l'heure ;
Tout le monde est en noir
M'imaginant qu'on pleure,
Je tire mon mouchoir.
Eh ! gai, etc.

Tous ont la langue morte,
Le maintien composé...
Personne sous la porte,
N'est pourtant exposé.
Eh ! gai, etc.

Arrive un gros notaire,
Puis un maigre avocat,
Puis un court commissaire,
Puis un long magistrat.
Eh ! gai, etc.

L'un, dans une embrâsure,
Pour me désennuyer,
Me lit la procédure
De Michel et Reynier.
Eh ! gai, etc.

L'autre prend la gazette,
Et, politique fin,
Me parle de la diète
Lorsque je meurs de faim.
Eh ! gai, etc.

Enfin paraît l'Olive...
On ne sait s'il dira.
Que le potage arrive
Ou que le mort s'en va.
Eh ! gai, etc.

Ivresse délectable ;
Tous, d'un air solennel,
S'avancent vers la table
Comme on marche à l'autel.
Eh ! gai, etc.

A sa tristesse étrange,
On croirait quelquefois
Que chaque invité mange
Pour la dernière fois.
Eh ! gai, etc.

Au plat qu'on me présente
A peine j'ai goûté,
Que, trompant mon attente,
Il fuit escamoté.
Eh ! gai, etc.

Soudain l'hôte se lève,
Et, qu'on ait soif ou faim,
Défense qu'on achève
Son biscuit et son vin.
Eh ! gai, etc.

Le café pris, pour rire,
A quel jeu jouera-t-on ?
L'ivresse et le délire
Réclament un boston.
Eh ! gai, etc.

Mais bientôt je m'oublie...
Et vole transporté
De folie en folie
Jusques à l'écarté.
Eh ! gai, etc.

Pour prolonger l'orgie,
En joueur enchanté,
Le verre d'eau rougie
Entretient la gaîté.
Eh ! gai, etc.

Dévalisé d'emblée,
Je prends en enrageant
Congé de l'assemblée,
Congé de mon argent.
Eh! gai, etc.

Surpris par une averse,
Sans un denier comptant,
Tandis que l'eau me perce,
Je chante en barbottant :
Eh ! gai, gai, gai, qu'ils sont joyeux
Les dîners d'étiquette!
Eh ! gai, gai, gai, pas de goguette
Où l'on s'amuse mieux.

LA PHILOSOPHIE
DU PAUVRE DIABLE

AIR : En revenant au village.

Chacun me dit à la ronde,
Que je suis mal loti
Et mal bâti ;
Mais il faut bien dans ce monde
Prendre enfin son parti.

Je suis pauvre et n'attends même
Ni place ni soutien ;
Mais n'ayant rien,

Je suis sûr que lorsqu'on m'aime,
Ce n'est pas pour mon bien.
Chacun me dit, etc.

Je suis sot, mais dans la vie,
Si c'était par l'esprit
Qu'on réussit,
Verrions-nous donc, je vous prie,
Tant de gens en crédit?
Chacun me dit, etc.

Je suis borgne, mais le nombre
Des méchants entassés,
Des sots pressés,
Est tel que, même dans l'ombre,
Un œil en voit assez.
Chacun me dit, etc.

Je suis bossu, mais Esope
Qui, dit-on, fut si laid,
Si contrefait,
Sous sa difforme enveloppe.
Fit la barbe au mieux fait.
Chacun me dit, etc.

Je suis sourd, mais sur la terre,
Tout, pour m'intimider,
Peut s'accorder;
Créanciers, femme, tonnerre,
Je n'entends rien gronder.
Chacun me dit, etc.

Je suis boiteux des deux jambes;
Mais combien on en voit

En maint endroit,
Qui, bien qu'ils soient très-ingambes,
N'en marchent pas plus droit.
Chacun me dit, etc.

Je suis manchot, mais qu'y faire ?
Me plaindre de mon sort
Serait un tort...
Un bras, pour remplir mon verre,
N'est-il pas assez fort ?
Chacun me dit, etc.

Si je suis court de stature,
Après ma mort, ma foi,
Le plus grand roi
Ne tiendra pas, je vous jure,
Plus de place que moi.
Chacun me dit, etc.

Ainsi, tous, tant que vous êtes,
Gens de la tête aux pieds
Estropiés,
Borgnes, bossus, boiteux, bêtes,
Riez-en et criez :

Chacun me dit à la ronde,
Que je suis mal loti
Et mal bâti ;
Mais il faut bien dans ce monde.
Prendre enfin son parti.

ON NE VIT QU'UNE FOIS

AIR : Eh ! qu'est-c' qu' ça m' fait à moi ?

Loin de moi, censeur morose,
Toujours prêt à découvrir
Le regret près du plaisir,
L'épine près de la rose...
J'aime mieux cette voix
Qui me dit : « Quoiqu'on en glose,
Aime, ris, chante et bois ;
Tu ne vivras qu'une fois. »

La morale en vain nous crie ·
Vivez de privation,
Mourez de consomption,
Vous aurez une autre vie. »
Je ne cède et je ne crois
Qu'à ce cri de la folie :
« Aime, ris, chante et bois ;
Tu ne vivras qu'une fois. »

Chaque hiver qui, de ses glaces,
Venant attrister nos yeux,
Ote à l'amant quelques feux,
A la beauté quelques grâces,
Dit à l'homme : « Prévois
L'ennui qui suivra mes traces...
Aime, ris, chante et bois ;
Tu ne vivras qu'une fois. »

Contemplez cette pendule
Dont l'aiguille, dans son cours,
Avançant toujours, toujours,
Jamais, jamais ne recule...
Son timbre est une voix
Qui nous dit : « Point de scrupule...
Aime, ris, chante et bois ;
Tu ne vivras qu'une fois. »

Ce vieillard, sur sa béquille,
Avec peine s'appuyant,
Et qui soupire en voyant
Passer une jeune fille...
D'un air encore grivois,
Semble dire à chaque drille :
« Aime, ris, chante et bois ;
Tu ne vivras qu'une fois. »

Voyez-vous cet Esculape,
Dont le docte et vain secours
Doit du banquet de vos jours
Bientôt enlever la nappe ?
Il vous dit, comme aux rois :
« Avant que chez toi je frappe,
Aime, ris, chante et bois ;
Tu ne vivras qu'une fois. »

Quand les foudres de la guerre,
A la voix de ces fléaux
Follement nommé héros,
Ont ravagé notre sphère,
Que disent tant d'exploits
A ce qui reste sur la terre ?

« Aime, ris, chante et bois,
Tu ne vivras qu'une fois. »

Quand, par une grâce insigne,
A l'homme un Dieu bienfaiteur
Accorda des sens, un cœur,
Une compagne, une vigne,
Il lui dit bien, je crois :
« Mortel, voilà ta consigne...
Aime, ris, chante et bois ;
Tu ne vivras qu'une fois. »

Froid pédant, sache donc rire ;
Garçon, hâte-toi d'aimer ;
Fillette, apprends à charmer ;
Toi, secondant mon délire,
Oh ! mon luth ! sous mes doigts.
Dis à tout ce qui respire :
Aime, ris, chante et bois ;
Tu ne vivras qu'une fois. »

L'ORIGINAL SANS COPIE

Air : Bon ! bon, mariez-vous.

Feu, feu
Monsieur Mathieu
Était un singulier homme ;
Feu, feu
Monsieur Mathieu

Était comme
On en voit peu.

Quoique maître d'un grand bien,
Et de famille fort bonne
Il faisait souvent l'aumône,
Et ne devait jamais rien.
Feu, feu, etc.

D'un habit de camelot
Il avait pris la coutume,
Prétendant que le costume
Ne prouve pas ce qu'on vaut.
Feu, feu, etc.

Au joug de l'hymen soumis,
On l'a vu du fond de l'âme,
Toujours préférer sa femme
A celles de ses amis.
Feu, feu, etc.

Enchanté de voir grandir
Ses trois garçons et sa fille,
Il promenait sa famille
Sans bâiller et sans rougir.
Feu, feu, etc.

Il bravait avec mépris
Nos usages et nos modes,
Et c'était aux plus commodes
Que mon sot donnait le prix.
Feu, feu, etc.

On le vit, lorsque des ans
Le poids vint courber sa tête,

A la *titus* la mieux faite
Préférer ses cheveux blancs.
Feu, feu, etc.

Il s'avisa de rimer
Des morceaux dignes d'envie,
Et notre auteur, de sa vie,
N'osa se faire imprimer.
Feu, feu, etc.

A la faveur comme au rang
Il croyait que le mérite
Devait conduire plus vite
Que l'apostille d'un grand.
Feu, feu, etc.

Un jour on lui proposa
Un emploi considérable,
Et s'en jugeant incapable,
Sans regret il refusa.
Feu, feu, etc.

Jamais ce fou, s'il en fut,
Ne voulut faire antichambre,
Pour obtenir d'être membre
Du beau corps de l'Institut.
Feu, feu, etc.

Aux honneurs il fut admis
Par je ne sais quel miracle.
Et jamais sur le pinacle,
Il n'oublia ses amis.
Feu, feu, etc.

Eh bien ! on le chérissait,
Et malgré ses faux systèmes,
Il fut pleuré par ceux mêmes
Que sa mort enrichissait.
Feu, feu
Monsieur Mathieu
Était un singulier homme ;
Feu, feu
Monsieur Mathieu
Était comme
On en voit peu.

LE
PREMIER ET LE DERNIER AGE

Air de la ronde du Camp de Grandpré.

Si notre premier père
Coula des jours heureux,
C'est que sur cette terre
Il sut borner ses vœux.
Or, la seule manière
De jouir ici-bas,
C'est de ne jamais faire (bis)
Ce qu'Adam ne fit pas (bis).

Soumis à l'étiquette,
Nous voyons chaque jour
L'homme armé d'une brette
Aux grands faire sa cour,

Ces visites d'usage
Ne donnent qu'embarras...
Plus libre et bien plus sage,
Adam n'en faisait pas.

Dans l'ennui qui l'accable,
Le riche tour à tour
Réunit à sa table
Vingt convives par jour;
Et souvent sa ruine
Suit de près ces repas,
Modeste en sa cuisine,
Adam n'invitait pas.

D'une plainte importune
Fatiguant le destin,
Pour fixer la fortune
Et tripler son butin.
L'extravagant expose
Tout son bien sur un as...
Content de peu de chose,
Adam ne jouait pas.

Esclave de nos modes,
L'homme porte toujours
Des habits incommodes,
Ou des souliers trop courts.
Son pantalon le gêne,
Il ne peut faire un pas...
Exempt de cette peine.
Adam n'en portait pas.

En se réveillant, l'homme
Ne serait pas content,

S'il ne savait pas comme
Le Grand-Turc est portant...
Des journaux, à la ronde,
Il parcourt le fatras :
Se mêlant peu du monde,
Adam n'en lisait pas.

L'homme, qui toujours n'aime
Que ce qui vient de loin,
Dans sa manie extrême
Eprouve le besoin,
Le désir invincible
Des cafés, des tabacs...
Et si j'en crois la Bible,
Adam n'en prenait pas.

L'homme, à sa renommée
Immolant son repos,
Pour un peu de fumée
Se consume en travaux ;
L'Institut qu'il assiége,
Déjà lui tend les bras...
Dormant fort bien sans siége,
Adam n'en était pas.

Mais j'entends la cabale
Me dire avec raison :
« Au rocher de Cancale
Tu fis mainte chanson ;
Il est temps de te taire...
Car, mon cher tu sauras
Qu'Adam ne chantait guère,
Qu'Adam ne rimait pas. »

MA TACTIQUE

Air : J'ai vu la Meunière.

Amis, pour embellir le cours
De ma vie entière,
Savez-vous quelle fut toujours
Ma seule manière ?
D'abord, tacticien savant,
J'ai soin de dire, en me levant :
« Chagrins, en arrière !
Plaisirs en avant ! »

Après un bon déjeuné
Affaire première...
Après un succulent dîné,
Suite nécessaire...
Certains minois me captivant,
Le soir, je chante en m'esquivant :
« Comus, en arrière !
Amour, en avant ! »

Toutes les fois que d'un tendron
Je suis la bannière,
Je chante, gardant d'un luron
L'humeur cavalière :
« Fi ! d'un amant toujours rêvant,
Toujours de larmes s'abreuvant !
Romance en arrière !
Chanson en avant ! »

Lorsque ma fauvette en son vol
Un peu journalière,
Après avoir pour moi fui Paul,
Me quitte pour Pierre,
Tout aussi gai qu'auparavant,
Je dis, cédant au gré du vent :
« Regrets en arrière !
Désirs en avant ! »

Qu'un homme dont je fus trahi,
Soit dans la misère,
Mon cœur qui n'a jamais haï,
Prévient sa prière ;
Et du superflu me privant ;
Il me voit bien vite arrivant,
La plainte en arrière,
La bourse en avant.

Accablé de fièvre et d'ennuis
Quand sur la litière,
Au jour, à peine, hélas ! je puis
Ouvrir ma paupière,
« Bacchus, dis-je d'un ton fervent,
Protégera son desservant...
Frayeur en arrière !
Espoir en avant ! »

J'use alors d'un remède sain,
Et que, d'ordinaire,
N'ordonne ni le médecin,
Ni l'apothicaire...
C'est de m'écrier en buvant
A verre plein et très-souvent :

« Tisane, en arrière !
Bourgogne, en avant ! »

A force de recommencer,
Quand ma chambrière,
De ce julep vient me verser
La goutte dernière,
Loin de pleurer mon ci-devant,
Gaîment je chante en l'achevant :
« Bourgogne, en arrière !
Champagne, en avant ! »

Si jusqu'ici du noir trio
La main meurtrière,
N'a pas mis, d'un coup de ciseau,
Fin à ma carrière,
C'est que jusqu'ici le bravant,
J'ai toujours dit en bon vivant :
« Parques, en arrière !
Momus, en avant ! »

LA PETITE

FEMME BIENHEUREUSE

Ou les plaisirs d'un bon ménage

AIR : Encore un cart'ron, Claudine

Mais qu'as-tu donc, Marie,
Qui tout bas t' fait souffrir ?
Ta bouch' n'est plus fleurie,
J' vois tes appas maigrir...

Tu n'as pas d' plaisir,
Marie,
Tu n'as pas d' plaisir.

Morgué, ça m' contrarie
D' te voir comm' ça languir
Mais si l'on nous marie
Suivant notre désir ..
Ah ! qu' t'auras d' plaisir, etc.

D'un' bell' robe en soierie,
C' jour là, j' veux te r'vêtir ;
Mais d' peur qu'ell' n' soit flétrie,
N' faut sauter ni courir...
Ah ! qu' t'auras de plaisir, etc.

Moi, n' boirait-on qu' du brie,
J' saurais si bien m' remplir,
Qu'on m' ramènera, j' parie,
Ivre à n' pas m' soutenir...
Ah ! qu' t'auras de plaisir, etc.

D' peur qu' ta mine jolie
Ne r' vienne à dépérir,
Je f'rons deux lits, ma mie,
Pour qu' tu r'pos' à loisir...
Ah ! qu' t'auras d' plaisir, etc.

A la moindr' maladie
Qui viendra te saisir,
Méd'cine et chirurgie
Près d' toi vont accourir...
Ah ! qu' t'auras d' plaisir, etc

Aux danses d' la prairie
Si j'vons nous divertir,
Queuqu' beau garçon qui t' prie,
C' n'est qu' moi qu' faudra choisir...
Ah ! qu' t'auras d' plaisir, etc.

Si j'ons d's enfants, ma mie,
Il t' faudra les nourrir !
L' matin fair' leur bouillie,
Et l' soir les endormir...
Ah ! qu' t' auras d' plaisir, etc.

A ta fille chérie
T'apprendras à blanchir,
A fair' la ravaud'rie,
A r'passer, à pétrir...
Ah ! qu' t'auras d' plaisir, etc.

J' verrons, s'lon notre envie.
Not' famille grandir,
Tandis que d' compagnie,
Je nous verrons vieillir...
Ah ! qu' t'auras de plaisir, etc.

Bref, s'il t' faut de c'te vie
Avant moi déguerpir,
J' n'épargn'rai rien, ma mie,
Pour t' fair' ben ensev'lir...

Ah ! qu' t'auras d' plaisir,
Marie,
Ah ! qu' t'auras d' plaisir !

LES BONS AMIS DE PARIS

Air : Il était un p'tit homme.

Ma fortune était mince,
Mais j'avais un parent
Dont le rang
Annonçait que du prince
Il était bien connu,
Bien venu...
Chacun me flatta,
Chacun me fêta,
Chacun me visita...
Qu'ils sont polis,
Qu'ils sont jolis,
Nos bons amis,
D' Paris.

Mais (affreuse disgrâce !)
Par un coup du destin,
Un matin
De mon parent en place
La faveur disparut ;
Il mourut !
Chacun défila,
Chacun détala,
Chacun me planta là.
Qu'ils sont polis, etc.

L'acte testamentaire
Qu'avait fait mon parent,
En mourant,
Me nommant légataire
D'un large coffre-fort
Rempli d'or,
On me reflatta,
On me refêta,
On me revisita...
Qu'ils sont polis, etc.

Lancé dans les affaires
Par l'appât d'un butin
Incertain,
Des calculs téméraires
Ayant réduit à rien
Tout mon bien,
On redéfila,
On redétala,
On me replanta là...
Qu'ils sont polis, etc.

Par pure bonté d'âme,
La charmante Élisa
M'épousa.
Des charmes de ma femme
Le bruit se répandit,
S'étendit...
On me reflatta,
On me refêta
On me revisita...
Qu'ils sont polis, etc.

L'un d'entre eux, qui sans cesse
D'amitiés me comblait,
M'accablait,
Un jour de ma princesse
M'enleva les appas,
Les ducats :
On redéfila,
On redétala,
On me replanta là...
Qu'ils sont polis, etc.

De mon argenterie
Je fis ressource, et crac
Dans un sac,
Vite à la loterie
Le magot fut donné :
Je gagnai...
On me reflatta,
On me refêta,
On me revisita...
Qu'ils sont polis, etc.

Une fièvre soudaine
M'ayant glacé de son
Noir frisson,
Chez moi l'on vit à peine
Succéder le docteur
Au traiteur,
Qu'on redéfila,
On redétala,
On me replanta là...
Qu'ils sont polis, etc.

Malgré soins et prières,
La fièvre prévalut;
Il fallut
Mettre ordre à mes affaires
Au bruit du testament,
Poliment,
On me reflatta.
On me refêta.
On me revisita....
Qu'ils sont polis, etc.

Mais, comme sur leur compte,
J'ouvrais enfin les yeux
Un peu mieux,
Aucun d'eux, à sa honte,
N'étant même héritier
D'un denier,
On redéfila,
On redétala,
On me replanta là...
Qu'ils sont polis, etc.

Voyant chez mes ancêtres,
Mon voyage remis,
J'ai promis
Qu'après ma mort les prêtres,
Devant le trépassé
Délaissé,
Pour tout oremus,

Pour tout in manus,
Chanteraient en chorus :

Qu'ils sont polis,
Qu'ils sont jolis,
Nos bons amis
D'Paris !

FIN

TABLE

Paris. Typ. Vert frères, rue du Pourtour-Saint-Gervais, 8

www.ingramcontent.com/pod-product-compliance
Lightning Source LLC
LaVergne TN
LVHW020341230826
846091LV00003B/949

* 9 7 8 2 0 1 6 1 9 6 3 5 9 *